THÈSE

DE

LICENCE.

ACTE PUBLIC

POUR

LA LICENCE

En exécution de l'Article 4, Titre 2, de la Loi du 22 Ventôse an XII

SOUTENU

Par M. BOUDET (Paul),

Né à Cestayrols (Tarn).

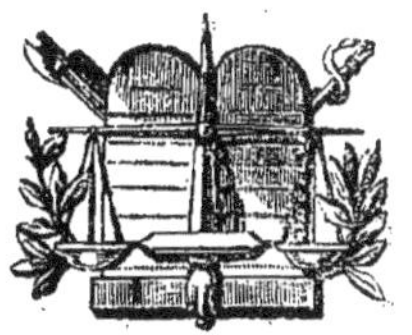

TOULOUSE,

Typographie Troyes OUVRIERS RÉUNIS,
Rue Saint-Pantaléon, 3.

1858.

A MON GRAND-PÈRE ALRICY.

A MON PÈRE, A MA MÈRE.

A MA SOEUR, A MES FRÈRES.

A MES PARENTS ET AMIS.

Jus Romanum.

De heredibus instituentis.

FF. Liv. 28 , Tit. V. — Inst. Just. Lib. 2 , Tit. XIV.

Procemium.

Testamentum est voluntatis nostræ justa sententia de eo quod quis morem suam fieri vult (1). — Ex vocabulo illo , *justa* , apparet testamenum minimè valere , qùùm juris regulis non consentaneum est ; jus utem ut valeat testamentum , institutionem heredis de quà nobis ationandum est ; exigit. — In hoc , verò , consistit heredis institutio , cilicet ut heres designetur is , quem aliquis suam personam peractuum vult eligere.

(1) Lib. 1. ff. qui text. fac.

CAPUT PRIMUM.

Qui heredes institui possunt.

Is tantùm heres institui potest, cui cum testatore factio est testamenti (1). Civem unum Romanum instituere heredem licebit, quia unus factionem testamenti habet ; ergò nec peregrini , nec mulieres , nec ii qui civitatis jus amiserunt , nec filii perduellium institui poterunt heredes ; nec insuper incertæ personæ , quoniam certum consilium debet esse testantis (2).

Quædam personæ , quodam modo incapaces lege Vocaniâ , cum cive Romano testamenti factionem habebant , sed *capere* non poterant , (id est commoda institutioni inhærentia percipere) : *Latinus Junianus* , nisi fieret civis Romanus antè defunctum testatorem aut intrà dies ab ejus interitu , *cœlibes*, nisi uxorem duceret antè testantis mortem aut intrà centum dies ab ejus morte ; *orbus* et *solidarius pater* ad dimidiam tantummodo partem bonorum in quâ instituti fuerant , vocabantur (3). Imperante autem Justiniano , evanuère discrimina illa , et evaderunt capaces , et Latinus Junianus et mulier , et cælibes , et orbus , et solidarius pater. Heres quoque institui potest *servus tam proprius quam alienus* (4).

Necesse erat olim ut servus proprius ex ipsâ institutione à servitute eximeretur ; sed ex Justinianeis Constitutionibus constat , libertatem tribuere inutile esse ; patebat enim , testatori fuisse consilium ac mentem libertatis tribuendæ , quo quidem beneficio non addito, hereditatem adire non potuisset , quùm esset incapax.

(1) Ulp. reg. lib. t. 22.
(2) Ulp. reg. lib. t. 22. § 4.
(3) Ulp. reg. lib. tit. 22. § 6.
(4) Inst. Just. tit. 14. § 1.

Alienus servus tum tantummodò institui potest, cùm ejus herus factionem testamenti cum testante habet; accipere enim ab hero solùm potest. Si cum libertate adscriptus sit, hæc institutionem non infirmat, sed supervacuè data videtur.

Servus hæres institutus a nudo domino liber evadet, et hereditatem percipit; sed usufructuario inservire coactus erit usquè ad peractum usumfructum, quòd is solummodò libertatem largiri potest qui verè herus est.

Servum vel communem instituere heredem possumus, quasi *proprius* pro parte nostrâ quasi *alienus* pro parte socii. Si illum pro parte nostra, libertate datà, instituerimus, fit simul et unà heres ac liber, indemni socio (1).

Servum instituere heredem etiam possumus, vel post defunctum ejus herum, dummodò fuerit cum hero factio testamenti. Item de servo ejus qui in utero est, dummodò ex personâ defuncti, non autem ex personâ infantis concepti, instituatur : (*vicem, enim, personæ defuncti, sustinet*).

Necesse est, autem, ut tùm capax sit heres quùm est factio testamenti ut institui possit, possitque accipere, defuncto testatore ; medio autem temporis, mutatio juris instituto non nocet. Defertur hereditas vel morte testatoris, si purè, vel expletæ conditionis momento, si sub conditione heres institutus sit.

CAPUT SECUNDUM.

Quibus modis institui potest heres.

Heres per testamentum instituitur. Institutio heredis præ testamento inscribenda erat, quasi caput et fundamentum, et verba quæque ante posita, vacua et irrita habebantur. Seriùs verò statuit Juvianus testamen-

____

(1) Ulp. reg. lib. t. 22, §§ 5, 7 et 10.

tum non infirmatum iri, etiam si institutio seu præ, seu in medio, seu sub finem, quolibet deniquè loco scriberetur.

Sacrata ac statuta quæ adhibenda erant verba ad patrandam institutionem, *Titius heres esto*, *Titius heres sit*, *Titium heredem esse jubeo* (1), aboleta sunt a Constantino Secundo (2), qui quidem decrevit satis fore si testans voluntatem palàm aperiret. Necesse est verò ut apertè ac lucidè exprimatur voluntas, sin autem institutio, et cum institutione testamentum, simùl infirmabantur.

Attamen, non ideò infirmaretur testamentum, quòd falsò heredem nominaret aut designaret, dummodò errorem corrigere facile sit, dummodò eum facile sit agnoscere quem instituit testamentum, verbi gratiâ, si testator dixisset: heredem instituo *Seium* fratris mei filium, dùm *Titius* fratris filio nomen esset. Licebat, vel secundùm pristinum jus, heredes eos instituere quos nunquàm videris, quià non incertæ personæ habebantur qui certo nec fluctuanti concilio in animo volvebantur; si, exempli gratiâ, fratris mei peregri natos vel planè ignotos instituo.

Heredis institutio infirmabatur, si coactus fuerit testans, aut si manifestus ac clarus fuerit error in herede instituendo; cùm verbi causâ, institutus fuit inimicus.

CAPUT TERTIUM.

De divisione hereditatis.

Unum aut plures heredes institui licet; sed omnes ad totam hereditatem vocantur, et concursu facto, ad dividendam hereditatem appellantur. Si quis abfuerit, ejus pars aliorum partibus accrescit; si qui instituti fuerunt simul et unà, conjunctis verbis, cum absente, aliis ex voluntate testantis, anteponuntur.

(1) Gaï. Comm. 2. §§ 116 et 117.
(2) C. 6. 23. 1. 15.

Is qui in corpus certum instituitur, institutus habetur in integram hereditatem, quùm nemo possit partim *testatus* partim *intestatus* interire, præter exceptum militem. (1) Si plures instituti fuerunt heredes, is legatarius habetur qui in corpus certum instituitur.

Si testator plures instituerit heredes, decreveritque in æquas partes dividendam esse hereditatem, aut nihilum decreverit, hereditas inter institutos æquis partibus dividetur. Quot heredes tot æquæ partes.

Si hæredes in partibus non æquis instituti fuissent, alio scilicet tributa fuisset dimidia pars, alio decima, *ad assem* dividenda erat hereditas.

Quod si, testator, designato jam herede Titio, Mævium et Seium instituerit, hi dimidiam hereditatem, ille dimidiam quoque solus perciperet.

Si partes quibusdam tantùm institutorum assignatæ fuerint, verbi gratia, si Titius in dimidiam partem, Mævius in quartam instituti fuerint, colliget Seius quidquid remanet. Sin autem, hæreditate exhaustâ, insuper heredes nominaverit ut aliquid assequantur ad *dupondium* vel *tripondium* transire oportet, quod *dupundio* vel *tripundio* deerit habebunt.

Fautum fuerat militibus, pluribus modis, sibi tantùm concessis, in hereditatis institutione, uti. Nempè partim *testati* partim *intestati* mori poterant; si duo heredes in æquas partes ab eis instituti fuerint, pars absentis non alterius parti accrescebat, secùs ac secundùm jus civile fiebat. (1)

Quæ quidem discrimina posteà Justinianeis Constitutionibus aboleta.

CAPUT QUARTUM.

Quas conditiones in conficiendo testamento adhibere licet.

Institutio heredis pura ac simplex aut sub conditione, sed non ex

(1) FF. l. 41. De test. mil.
(1) FF. l. 41. De test. mil.

certo tempore aut ad certum tempus esse potest. Ideòque dies *adjectus* pro *supervacuo* habetur. (1) *Incertus* autem dies conditionem facit in testamento. (2).

Si de conditione in heredibus instituendis quæritur, duo conditionum genera apparebunt : conditiones *possibiles* ac conditiones *impossibiles*.

Possibiles non contrariæ aut legibus aut moribus sunt, et naturà rerum admittuntur; impossibiles autem sunt, quibus natura impedimento est quominùs existant. In testamentis conditiones impossibiles pro non scriptis habentur. Si conditio possibilis est quamdiù non expleta fuit, hereditas nemini tribuenda est. Quamobrem, si heres institutus antè expletam conditionem mortuus fuerit, hereditas ad ejus heredes non transit.

Pures conditiones institutioni accedere possunt, omnesque explendæ, si *conjunctim* impositæ sunt; sin autem *disjunctim*, una tantummodò. Imprimis verò voluntas testatoris perquirenda est, potiùsquam strictis verbis inserviendum est. (3)

POSITIONES.

Infirmaturne testamentum omisso in institutione verbo? — Non infirmatur.

Instituerene duos necessarios hæredes potest qui solvere nequit? — Non potest.

Qui apud hostes est, potestne rectè institui? — Potest.

Rumpitne testamentum conditio impossibilis? — Non rumpit.

(1) FF. 1. 9. § 4.
(2) FF. 1. 16. De cond. et dem.
(3) L. 101 § 2. ff. De cond. et dem.

Code Napoléon.

De la prescription.

(Livre 3 , Tit. 20 , art. 2219 à 2242).

CHAPITRE PREMIER.

De l'origine de la prescription.

La prescription , mode d'extinction des obligations et d'acquisition de la propriété par un certain laps de temps , était primitivement inconnue à Rome. Les actions civiles étaient perpétuelles, mais le Préteur , comme en bien d'autres matières , fit cesser les rigueurs du Droit Quiritaire , en introduisant des actions temporaires. Il n'y eut même plus sous l'empire d'actions perpétuelles proprement dites , et la plus longue (celle qui conserva le nom de perpétuelle), fut réduite à trente ans.

La prescription a donc pris naissance dans les réformes du Préteur , auxquelles nous devons de plus l'origine du mot *prescription*.

2

Au temps de la procédure formulaire, en dehors des quatre parties principales des formules, les efforts de la juridiction prétorienne, pour adoucir le caractère rigoriste et exclusif du droit civil, permirent d'ajouter, dans certains cas, des clauses accessoires qui prirent le nom d'*adjectiones*. Placées en tête de la formule, avant *l'intentio*, ces *adjectiones* prenaient le nom de *prœscriptiones*, à cause de la place qu'elles occupaient. Les édits donnaient le droit au possesseur d'un fonds provincial de bonne foi, lorsqu'il était attaqué en restitution par le propriétaire, après une possession paisible de cinq, dix ou vingt ans, selon le cas, de faire insérer en tête de la formule *l'adjectio* nommée *prœscriptio longi temporis*, qui devait le faire maintenir dans sa possession.

Après les modifications du système formulaire, la dénomination *de prœscriptio* a été seule conservée, et de là vient le mot *prescription* usité de nos jours.

Section 1re.

§ 1. — *Motifs, utilité et effets de la prescription.*

Une foule de circonstances, la perte d'une quittance, d'un testament, égarés par cas fortuit, l'absence totale d'un titre translatif de propriété devenu la proie des flammes, peuvent nous placer dans l'impossibilité de présenter la preuve, soit des droits que nous pouvons exercer sur un objet, soit de la libération d'une obligation que nous avions consentie autrefois.

La prescription vient à notre secours en nous permettant, malgré l'absence de titre, de continuer à jouir de l'objet que nous détenons, pourvu que nous en ayons joui pendant un certain laps de temps déterminé et selon les formalités requises ; elle sert à justifier notre défense contre le demandeur qui, après trente ans, vient nous réclamer l'accomplissement d'une obligation déjà éteinte, mais dont il nous serait impossible de prouver l'extinction.

Cette présomption légale qui supplée l'absence du titre réel est, tellement forte , qu'elle ne peut être détruite par la preuve contraire ; et qu'elle résiste même à l'aveu de celui qui l'invoque , tout en reconnaissant sa fausseté : témoin, le propriétaire d'un fonds, qui aura profité de l'absence de son voisin , pour lui usurper son champ, et qui , convenant du fait de l'usurpation, triomphera , si, après trente années de longue et paisible possession , le véritable propriétaire le revendique.

La prescription , si souvent conforme à la morale et à l'équité , soit qu'elle protége le propriétaire légitime , soit qu'elle vienne au secours du débiteur qu'un cas fortuit ou de force majeure aura privé de sa quittance, est donc quelquefois en contradiction avec la morale et la justice , lorsqu'elle maintient, dans sa jouissance , le possesseur qui a usurpé , ou qu'elle favorise la fraude du débiteur qui trompe la foi du créancier assez généreux pour ne plus lui intenter de poursuites pendant l'espace de trente ans.

On ne pourra pas dire, que la prescription soit une institution du droit naturel, qui n'est régi que par les principes de la plus rigoureuse morale et de l'équité la plus stricte. Cette institution nous la trouvons motivée par les hautes considérations qu'engendrent l'ordre public et l'intérêt social.

N'est-il pas d'une bonne organisation sociale que la question des propriétés ne soit pas toujours indécise , que la tranquillité des familles qui ont longtemps détenu un domaine ne soit pas toujours troublée , que le sort du débiteur, assez malheureux déjà, ne le devienne plus encore par des poursuites indéfinies? Qu'importe que l'équité semble quelquefois froissée , si l'intérêt général y gagne ? Ne vaut-il pas mieux que le préjudice causé par une loi soit la part de quelques-uns , si le bénéfice qu'on en retire est l'apanage du plus grand nombre ? Le véritable propriétaire qui néglige de poursuivre l'usurpateur de son immeuble, le créancier qui laisse dormir la dette de son débiteur, ne sont-ils pas coupables et ne doit-on pas les punir de leur négligence ? Une institution n'est pas odieuse , parce qu'elle peut, dans certains cas , causer quelque mal particulier. Il était nécessaire qu'on fixât un terme après lequel les possesseurs ne pussent plus être inquiétés , et les droits trop longtemps négligés remis au jour , sans quoi les droits les plus légitimes auraient été compromis.

Aussi, ne sommes-nous pas étonnés que Cassiodore, pour exprimer combien la prescription est utile, l'ait appelée *patrona generis humani*.

§ 2. — *Définition de la prescription.*

La prescription, nous dit le Code, art. 2219, est : « un moyen d'acquérir ou de se libérer par un certain laps de temps et sous les conditions exigées par la loi. »

Mais, d'après ce que nous avons dit plus haut, il semble que la prescription est plutôt une *preuve*, une *présomption légale* d'une cause légitime d'acquisition ou de libération, qu'un mode particulier d'acquérir ou de se libérer (Mourlon). Une présomption légale, en effet, est une conséquence que la loi tire d'un fait connu à un fait inconnu. Or, nous voyons dans la pescription, que si quelqu'un revendique un immeuble de la *possession* continuée pendant le laps de temps voulu et avec les formes prescrites, *fait connu*, nous concluons que le détenteur est le véritable possesseur, *fait inconnu*. De la longue inaction d'un créancier pendant trente ans, *fait connu*, la loi conclut que le débiteur est libéré, *fait inconnu*.

La prescription est bien, quelquefois, *un moyen d'acquérir ou de se libérer par un certain laps de temps*, comme le soutient M. Marcadé, et nous ne nierons pas que la définition du Code soit exacte, lorsqu'elle enlève la propriété au légitime propriétaire pour la donner à l'usurpateur, ou lorsqu'elle est favorable au débiteur que le créancier a trop longtemps ménagé. Dans ces divers cas, cette définition a le tort de nous présenter la preseription sous son jour le plus odieux, et s'il arrive qu'elle soit invoquée par le propriétaire véritable ou par le débiteur réellement libérés, mais non nantis de leurs titres de propriété ou de libération, elle n'est plus applicable.

SECTION II.

§ 1er. — *Combien distingue-t-on de sortes de prescriptions.*

La loi reconnaît deux espèces de prescriptions : la prescription à l'effet d'*acquérir*, la prescription à l'effet de se *libérer*.

1o *Prescription à l'effet d'acquérir.* Dans la prescription à l'effet d'acquérir, il faut qu'avec le *laps de temps* concoure une *possession* légale de la chose à prescrire. La prescription *acquisitive* est donc : *l'acquisition de la propriété d'une chose par la possession légale qu'on a eu pendant le temps réglé par la loi.* Le laps de temps est de trente années.

La loi suppose, dans ce cas, que le détenteur de la chose, la détient en vertu d'une juste cause ; l'inaction du propriétaire paraît, en effet, peu probable. Si c'est par vol, par exemple, que le psssesseur s'est emparé de l'immeuble dont il jouit, la négligence du légitime propriétaire, pour rentrer dans la propriété de son fonds, est coupable, et la loi doit la punir. Si le véritable propriétaire ne fait pas valoir ses droits, la loi doit puiser la légitimité de la prescription dans la présomption qu'il les a reconnus mal fondés.

2o *Prescription à l'effet de se libérer.* La propriété *libératoire* est : *l'extinction de l'obligation par l'inaction du créancier continuée pendant le temps réglé par la loi.*

Cette prescription se compose de deux éléments principaux qui doivent concourir : *le laps de temps* qui est de trente ans, et l'*inaction du créancier.*

La loi suppose que l'inaction du créancier provient d'une juste cause, et que, s'il n'a plus la quittance pour prouver sa libération, c'est qu'il l'a perdue. La loi, d'ailleurs, pouvait-elle obliger le débiteur ou ses héritiers eux-mêmes à conserver le titre libératif de la créance ? Si le débiteur n'a pas payé au bout de trente ans, c'est que le créancier, la loi du moins doit le supposer, n'a pas fait des diligences pour recouvrer le montant de sa créance, et il doit être victime de son indifférence.

§ 2. — *Des effets de la prescription acquisitive et de la prescription libératoire.*

1o *Des effets de la prescription acquisitive* Cette prescription ne produit pas ses effets de plein droit ; la possession paisible, publique et sans interruption d'un immeuble pendant trente ans, ne suffit pas pour que la propriété soit acquise : il faut encore pour rendre efficace la cause d'acquisition, avoir recours à la loi, en invoquant publiquement la présomption de propriété.

Il peut arriver, si vous ne recourez pas à ce moyen, que le propriétaire primitif vous évince, et votre silence semblera prouver ou que la présomption de propriété est contraire à la vérité, ou que votre conscience vous défend, si vous avez détenu l'immeuble pendant trente ans, de profiter d'une acquisition due à une injuste cause.

La loi en nous disant dans l'article 2223 : « Que les juges ne peuvent suppléer d'office les moyens résultant de la prescription, » nous apprend qu'ils ne doivent tenir aucun compte de la prescription dans les contestations de propriété.

Dans le cas même où nous aurions usurpé, les juges, quoique convaincus de notre usurpation, ne pourraient, tant est grande la force de la prescription, nous refuser, si nous l'invoquons, les bénéfices qui lui sont attachés.

C'est donc du jour où elle a été invoquée par le possesseur, que la prescription acquisitive produit tous les effets dont elle est susceptible.

2o *Des effets de la prescription libératoire.* Cette prescription, comme la prescription acquisitive, ne produit d'effet qu'à la condition d'être invoquée. Malgré l'inaction du créancier et quoique le laps de temps exigé par la loi soit écoulé, le juge ne pouvant suppléer le moyen résultant de la prescription, ne pourra donner gain de cause au débiteur, si celui-ci ne profite du secours que lui donne la loi pour rendre sa prescription complète.

SECTION III.

§ 1. — *Renonciation à la prescription.*

La loi défend de renoncer d'avance à la prescription , mais elle permet de renoncer à la prescription acquise. (art. 2220).

Cette nullité s'applique à la prescription acquisitive et à la prescription libératoire. Troplong donne parfaitement les motifs de cette prohibition , en disant : « qu'il y a dans la renonciation anticipée à la prescription, quelque chose qui trouble le bien public, qui encourage la faute et l'incurie et déroge à une loi d'utilité générale. » Si de telles renonciations étaient permises, cette clause serait devenue de style dans tous les contrats : quel débiteur eût, en effet, refusé à son créancier une clause qui semble si conforme à l'honneur? Le principe posé par la loi serait devenu illusoire.

La renonciation faite pendant le cours de la prescription est, d'après l'art. 2220, de *nul effet ;* on s'accorde à dire, cependant, qu'elle vaut comme *interruption* et rend inutile le temps antérieur. Ainsi donc , nulle dans *l'avenir*, elle vaut pour le passé. Celui qui renonce, en effet, reconnaît par là même le droit d'autrui, car il ne renoncerait pas , s'il croyait son droit bien fondé.

Quant à la renonciation à la prescription acquise , elle est dictée le plus souvent par un sentiment de délicatesse ou par un élan de la conscience, et la loi, en l'autorisant, a consacré les principes d'une haute morale.

La renonciation peut être *expresse* ou *tacite* (art. 2221). La renonciation expresse se prouve, soit par acte authentique, soit par acte sous-seing privé, soit par témoins , s'il existe un commencement de preuve par écrit (art. 1345), ou même sans commencement de preuve par écrit, si le droit sujet à la prescription n'est pas supérieur à 150 fr. (art. 1341). Quant à la renonciation tacite , elle résulte de faits qui supposent la reconnaissance ou l'abandon des droits acquis ; comme lorsque le débiteur paie la dette sujette à la prescription, qu'il demande un terme soit par lettre ou autrement : lorsque le possesseur prend à bail le domaine qu'il détient depuis plus de trente ans. Mais elle peut résulter de bien d'autres faits, et c'est à la sagesse des juges qu'est confiée l'appréciation des circonstances qui peuvent constituer une véritable renonciation à la prescription acquise.

Celui qui ne peut aliéner, ne peut pas renoncer à la prescription acquise (art. 2222).

Renoncer à une prescription acquise, c'est reconnaître le droit d'autrui ; cette reconnaissance ne constitue pas une aliénation (Mourlon).

Pourquoi la loi a-t-elle donc exigé que le renonçant soit capable d'aliéner? C'est qne cette renonciation est une véritable abdication du droit, et il est naturel d'exiger dans la personne du disposant la capacité de disposer. La renonciation à cette prescription est d'ailleurs le plus souvent un acte de conscience, et comment le discernement de l'incapable serait-il assez libre et assez éclairé pour distinguer si la prescription est juste ou injuste?

Les juges ne peuvent pas suppléer le moyen résultant de la prescription, *même dans l'intérêt d'un incapable ou d'un mineur;* le ministère public a seul qualité à cet effet. On eomprend que la loi ait laissé aux personnes capables le soin d'invoquer la prescription ; mais il était naturel que les incapables, étant impuissants à se défendre eux-mêmes, fussent protégés par l'organe d'un représentant.

§ 2. — *Des personnes qui peuvent opposer la prescription.*

Les créanciers ou toute autre personne ayant intérêt à ce que la prescription soit acquise, peuvent l'opposer, encore que le débiteur propriétaire y renonce (art. 2225).

Ainsi, ce n'est pas seulement le défendeur qui a le droit d'invoquer la prescription acquise : s'il ignore qu'elle est accomplie ou si ce moyen répugne à sa conscience, ses créanciers peuvent l'invoquer de son chef.

Ce droit est aussi accordé aux cautions, aux codébiteurs solidaires et à ceux auxquels le possesseur a consenti des droits réels sur l'immeuble.

Comment faut-il entendre les derniers mots de notre article, *encore que le débiteur propriétaire y renonce ?* Dans la pensée de la loi , *encore qu'il y renonce* signifie : *encore qu'il néglige de s'en servir* (Mourlon).

Voici d'après M. Val, quelle est la véritable pensée de la loi : « On sait qu'aux termes de l'art. 1166, les créanciers peuvent exercer les droits de leur débiteur, *sauf ceux qui sont attachés exclusivement à sa personne ;* or, la nature même de la prescription aurait pu faire croire que le droit de l'invoquer était une *faculté personnelle* à celui qui doit en bénéficier directement ; la loi a voulu prévenir ce doute, et l'art. 2225 n'a pas eu d'autre objet. » La pensée du législateur est celle-ci : il n'est pas nécessaire, pour que la prescription produise son effet, que ce soit celui qui a prescrit qui l'invoque, elle peut être utilement invoquée, soit par la personne même qui a prescrit, soit lorsqu'elle néglige de s'en prévaloir, par ses créanciers. La conséquence est : « Que les créanciers peuvent opposer la prescription , encore que le débiteur ou le propriétaire y renonce. » (Bigot Préameneu'.

D'après l'art. 2224, la prescription peut être opposée en tout état de cause, même en appel, à moins que la partie qui n'aura pas opposé le moyen de la prescription, ne doive, par les circonstances, être présumée y avoir renoncé.

Nous n'hésiterons pas, d'après l'art. 2224, à ranger le moyen résultant de la prescription dans la catégorie des *défenses* et non des *exceptions ;* celles-ci devant, sous peine de déchéance, être présentées *in limine litis,* celles-là pouvant l'être dans toutes les phases du procès , tant que les parties ont le droit d'être entendues.

§ 3. — *Des droits prescriptibles et de ceux qui ne le sont pas.*

Io *Des droits prescriptibles.* La prescription acquisitive s'applique :
1o A la pleine propriété.

3

2º Aux servitudes réelles, lorsqu'elles sont tout à la fois continues et apparentes.

3º Aux droits d'hypothèque ; le possesseur d'un immeuble hypothéqué pouvant, par une possession prolongée de l'immeuble, être affranchi de l'hypothèque qui le grève.

La prescription libératoire s'applique principalement aux créances et aux rentes qui s'éteignent par cela seul que celui qui est nanti de ces droits néglige de les exercer pendant le temps prescrit par la loi.

IIº *Des biens imprescriptibles.* On ne peut prescrire le domaine des choses qui sont hors du commerce (art. 2226).

Les biens *hors du commerce* ne sont pas susceptibles d'une propriété privée, et c'est en vain que l'on exerce un droit de propriété ou de servitude sur ces biens. La possession, quelque longue qu'elle soit, ne peut faire acquérir un droit qu'un simple particulier ne peut avoir.

L'Etat, les établissements publics et les communes, sont soumis aux mêmes prescriptions que les particuliers, et peuvent également les opposer (art. 2227).

Il semble qu'il y ait contradiction entre l'art. 2225 et l'art. 2227, le domaine public et les biens des départements et des communes servant à un usage public, étant imprescriptibles.

Mais ces personnes morales ont deux sortes de biens ; les uns destinés à l'usage commun des citoyens et imprescriptibles comme étant hors du commerce, et les autres susceptibles d'une propriété privée et soumis aux mêmes règles que les biens des particuliers.

La prescription peut être exercée par et contre ces personnes morales comme par et contre les personnes civiles.

CHAPITRE II.

De la possession.

Section Ire.

§ 1er. — *Nature et effets de la possession.*

La possession est définie par la loi : « La détention ou la jouissance d'une chose ou d'un droit que nous détenons ou que nous exerçons par nous-mêmes ou par un autre qui la tient ou qui l'exerce en notre nom. »

On ne doit pas confondre la possession et la propriété. La propriété est un droit, et la possession est le fait qui porte aux yeux de tous la connaissance de ce droit.

La possession étant l'attribut le plus essentiel du droit de propriété, on trouve le plus souvent réunies, sur la même tête les qualités de possesseur et de propriétaire , et l'on est tellement porté à regarder la possession comme conséquence de la propriété , que la loi elle-même proclame ce principe, en déclarant que le possesseur doit être regardé comme propriétaire jusqu'à preuve contraire.

Aussi la possession procure-t-elle à celui qui en est investi d'immenses avantages :

1o Elle fait acquérir au possesseur de bonne foi qui détient la chose d'autrui , les fruits qu'il perçoit sans qu'il ait jamais à craindre de les restituer (art. 549) ;

2o Elle fait présumer la propriété , change la qualité de possesseur en celle de propriétaire et conduit à la prescription après le laps de temps exigé pour prescrire ;

3o Enfin elle procure au détenteur de l'immeuble les *actions possessoires*.

Nous trouvons l'origine de ces actions dans la législation romaine au titre des *interdits*.

En Droit romain, on appelait *interdits* les moyens de droit qui servaient à protéger la possession.

Au nombre de deux, l'interdit *recuperandæ possessionis* et l'interdit *retinendæ possessionis* qui, appliqué aux immeubles, prenait le nom d'interdit *uti possidetis* et appliqué aux meubles d'interdit *utrubi*, ils avaient pour but de remettre le possesseur dans sa possession, lorsqu'il en avait été évincé, ou de le garantir du trouble dont il était menacé dans la jouissance de la chose.

Les *actions possessoires* sont au nombre de trois :

1º La *complainte* destinée à maintenir le possesseur dans sa possession, lorsqu'elle est en butte à des actes de trouble ;

2º La *réintégrande* par laquelle le possesseur complétement dépossédé demande à rentrer dans sa possession.

Ces actions servent à faire respecter la possession et à défendre les droits du possesseur, sans l'obliger à soulever la question de propriété.

La possession se manifeste par des faits extérieurs qui consistent dans la puissance de fait qu'on a sur l'objet et dans la faculté de le faire servir à son usage particulier quand il est matériel, ou dans l'exercice d'une simple jouissance, quand il est immatériel.

Ce n'est pas seulement par nous-mêmes que nous pouvons exercer le fait de la possession ; le fermier ou le locataire à qui l'immeuble a été donné à ferme ou à bail le détient pour le compte du possesseur ; celui qui a reçu un meuble en dépôt le détient pour le dépositaire. Quoique la détention dans ces deux cas, ne constitue pas pour les détenteurs un droit sur l'objet détenu, puisqu'ils lui reconnaissent un maître, il n'en est pas moins vrai qu'ils possèdent en ce sens, qu'ayant matériellement la chose en leur pouvoir, ils ont la faculté physique de s'en servir. Comme ils gardent la chose au nom de celui qui la leur a remise, c'est à lui que reviennent tous les avantages de la possession ; en un mot, ils possèdent *naturellement*, mais non *civilement*, la possession *civile* étant la seule qui fasse présumer la propriété, la seule qui conduise à la prescription.

§ 2. — De l'acquisition et de la conservation de la possession.

La possession s'acquiert *corpore et animo*, c'est-à-dire par la *détention* jointe à *l'intention* de posséder ; aussi les insensés, qui sont incapables de volonté, n'acquièrent-ils pas la possession des choses qu'ils détiennent.

Si la détention et l'intention sont nécessaires pour que l'acquisition de la possession soit complète, il n'en est pas de même pour sa *conservation ;* l'*intention* seule suffit : elle se conserve *animo tantùm*, pourvu qu'un tiers ne l'ait pas acquise ; car si, dans ce cas, le possesseur n'est pas rentré dans sa possession au bout *d'un an et un jour*, il n'y a plus aucun droit.

Ainsi la possession ne conduit à la prescription qu'autant qu'elle est continue, et ce n'est pas le seul caractère qu'elle doit avoir pour que la prescription soit parfaite : elle doit être encore *non-interrompue, paisible, publique, non-équivoque* et à *titre de propriétaire.*

Les vices opposés à ces qualités et qui empêchent la possession de conduire à la prescription sont : la *discontinuité*, l'*interruption,* la *violence*, la *clandestinité,* l'*ambiguité* et la *précarité*

SECTION II.

§ 1. — Des qualités que doit avoir la possession pour fonder la prescription.

1o *La possession doit être continue :*

La possession *continue* est celle qui, pendant tout le temps requis pour la prescription, s'est manifestée par des actes assez rapprochés les uns des autres pour que l'opinon publique en ait été frappée. (Mourlon.)

La possession ne pouvant fonder la prescription qu'autant qu'elle est l'image de la propriété, qu'elle en a les signes apparents, il faut que le possesseur manifeste la jouissance ou l'exercice régulier de son droit.

Ce que la loi exige de lui, c'est que le propriétaire soit averti par des actes possessoires qui, sans être d'une continuité parfaite, puissent cependant par leur nature et leur importance dénoter, d'une manière certaine, l'intention de celui qui les exerce et établir en sa faveur une présomption de propriété.

Celui qui a possédé anciennement est censé avoir possédé dans le temps intermédiaire (art. 2234), et c'est à celui qui prétend le contraire à le prouver.

Pour compléter la prescription, on peut joindre à sa possession celle de son auteur (c'est-à-dire, *de celui dont on détient la chose*, de quelque manière qu'on lui ait succédé, soit à titre universel ou particulier, soit à titre lucratif ou onéreux (art. 2235).

Il résulte de là que le changement dans la personne du possesseur ne fait pas obstacle à la continuité de la prescription, pourvu toutefois que la chose soit transmise au nouveau possesseur en vertu d'un juste titre.

On doit conclure de cet article que l'ayant-cause succédant à tous les droits de son auteur sur la chose transmise, pourra, quand il invoquera la prescription, ajouter à la durée de sa possession celle de la possession de son auteur, afin de compléter le temps requis pour prescrire.

Si l'ayant-cause jouit de ce droit, c'est que le changement dans la personne du possesseur ne fait pas obstacle à la continuité de la possession.

2° *La possession doit être non interrompue.* — Cette condition et la précédente ont entr'elles une grande analogie, puisqu'il s'agit toujours d'une solution de continuité ; cependant elles ne font pas double emploi.

La *discontinuité* de possession consiste dans les intermittances que le possesseur apporte à la jouissance régulière de la chose. La possession se continue, mais viciée et irrégulière.

L'*interruption*, au contraire, consiste dans la cessation même de la possession ; c'est l'anéantissement absolu de la possession.

De là, il résulte que la possession, frappée du vice de discontinuité, est nécessairement *non interrompue*, car, pour pouvoir être *vicieuse* ou *irrégulière*, il faut qu'elle existe ; la possession, lorsqu'elle est *interrompue*, cesse, au contraire, dès cet instant d'être continue.

La possession peut être interrompue *civilement* : 1o par la reconnaissance que le possesseur fait du droit de celui contre lequel il prescrit. (Art. 2248); 2o par des poursuites judiciaires faites contre le possesseur par le propriétaire (Art. 2244).

Elle peut être interrompue *naturellement* : 1o lorsque le possesseur a été dépossédé, soit par le propriétaire, soit par un tiers, et que sa dépossession a duré un an sans réclamation de sa part; 2o lorsqu'elle est volontairement abandonnée par le possesseur.

3o *La possession doit être paisible.* — La possession n'est point paisible lorsqu'elle est acquise par *violence* (Art. 2223), ou entravée par des tentatives d'usurpation de la part du propriétaire.

Mais il ne faudrait pas croire que le propriétaire pût se prévaloir de qualques actes isolés repoussés par la force ; car il est bien peu de possesseurs qui n'aient à repousser quelque attaque. Il faut que les actes réitérés du propriétaire aient un caractère bien déterminé d'agression et dont le possesseur n'ait pu triompher que par l'emploi d'une force supérieure.

La possession utile pour prescrire ne commence que lorsque la violence a cessé (Art. 2223).

Il n'en était pas de même en Droit Romain, où le vice résultant de la violence subsistait encore après qu'elle avait cessé. Ce vice n'était purgé que par le retour de la chose ravie en la possession du propriétaire spolié.

La violence, en général, n'a pas de durée, et l'obstacle qu'elle porte à la prescription est bien court, puisqu'il cesse en même-temps que la cause qui lui a donné naissance. Il arrive cependant quelquefois qu'il se continue pendant des années entières, comme lorsqu'il est engendré par la violence *morale.*

Le vice provenant de la violence est relatif et ne peut être invoqué que par la personne violentée ou par ses représentants.

4o *La possession doit être publique.* — La possession est *publique (nec clàm),* lorsque le possesseur n'a rien fait pour la cacher.

La clandestinité (*clam possidere videtur qui furtivè ingressus est in pos-sessionem* — Dig. loi 6, tit. *de acquirendâ vel amittendâ rerum possesio-ne*) est un obstacle à la prescription, parce que les intéressés n'ayant pû la connaître, la maxime *contrà non valentem agere non currit prœs-criptio*, leur est applicable.

Lorsqu'après avoir été clandestine la possession devient publique, le vice dont elle était infectée se trouve purgé et la possession est, dès cet instant, utile pour la prescription.

Le vice de la clandestinité étant simplement relatif, comme celui de la violence, ne peut être opposé que par celui à qui l'existence de la possession a été cachée.

5° *La possession doit être non équivoque.* — L'expression *non équivoque* n'est pas très claire : cependant on s'accorde à dire que la possession est *non équivoque*, lorsqu'elle se présente à nous sans incertitude aucune et comme exempte des vices de discontinuité, d'interruption, de violence, de clandestinité, dont il a été déjà question.

6° *La possession doit être à titre de propriétaire.* — Posséder à titre de propriétaire (*non precario*) c'est posséder en vertu d'un titre valable ou du moins présumé tel.

Il faut, pour posséder à titre de propriétaire, avoir l'*animus domini* : aussi ceux qui détiennent une chose en qualité d'acheteurs, de donatai-res, de légataires, possèdent-ils à titre de propriétaire. Il n'en est pas de même du fermier, du locataire, du dépositaire qui, reconnaissant un maître audessus d'eux, n'ont pas l'*animus domini*.

L'*animus domini* peut être l'objet de vives controverses ; comme lors-que le détenteur affirmera qu'il a possédé pour son propre compte, tandis que celui auquel il oppose la prescription, soutient que sa posses-sion a été *précaire*.

Aussi la loi a-t-elle décidé : 1° qu'on est toujours présumé posséder pour soi et à titre de propriétaire, s'il n'est prouvé qu'on a commencé à posséder pour un autre (art. 2230); 2° que lorsqu'on a commencé à posséder pour autrui on est toujours présumé posséder au même titre, s'il n'y a preuve du contraire (art. 2231).

CHAPITRE III.

SECTION PREMIÈRE.

Des causes qui empêchent la prescription.

Le Code ne traite sous cette rubrique que du vice de *précarité*.

Le précaire, en Droit romain , était un prêt gratuit, accordé aux prières de l'emprunteur, et que le prêteur pouvait révoquer selon son bon plaisir.

Les lois françaises ont donné au mot *précaire* un sens plus étendu. On détient aujourd'hui, à titre de précaire, toutes les fois qu'on possède une chose *sine animo domini.*

Ainsi, les dépositaires, les colons, les fermiers, les usufruitiers détiennent à titre de précaire, c'est-à-dire, qu'au lieu de posséder la chose *tanquam rem propriam*, ils la détiennent *tanquam rem alienam.*

Nous lisons dans l'art. 2236 : « ceux qui possèdent pour autrui, ne prescrivent jamais par quelque laps de temps que ce soit. — Ainsi, le fermier, le dépositaire, l'usufruitier et tous autres qui détiennent précairement la chose du propriétaire, ne peuvent la prescrire.

Ce vice s'étend aux héritiers des détenteurs précaires et produit à leur égard les mêmes effets (art. 2237).

Le vice de précarité ne fait obstacle qu'à la prescription *acquisitive* de la chose possédée ; elle n'empêche pas la prescription *libératoire* des obligations personnelles nées en vertu du titre par lequel le détenteur a été mis en possession, par exemple, de l'obligation, pour le fermier, de payer les fermages échus (art. 2241).

SECTION II.

De l'interversion.

Les personnes, dont la possession est entachée d'un vice de précarité, peuvent cependant prescrire, si leur possession a été novée dans sa cause, remplacée par une possession nouvelle acquise *animo domini*. C'est ce qu'on appelle *l'interversion*.

La loi a limitativement déterminé dans les articles 2238 et 2239, les faits qui peuvent opérer cette interversion : ils sont au nombre de trois :

1o La possession peut être intervertie par une cause venant d'un tiers.

2o Par la contradiction qu'oppose le possesseur au droit du proprié-taire.

3o Par la transmission opérée par les fermiers et autres détenteurs précaires à un tiers, au moyen d'un titre translatif de propriété.

1o *Interversion operée par une cause venant d'un tiers* — Il y a inter-version par cette cause lorsque le détenteur obtient d'un tiers étranger la cession par un titre translatif de propriété, de l'objet qu'il détenait.

Mais il est évident, cependant, que le possesseur ne prescrit point, quoiqu'il possède *animo domini*, si sa possession n'est pas exempte des vices de violence, de clandestinité, d'ambiguité et de toutes les autres causes qui peuvent empêcher la prescription.

2o *Interversion par la contradiction que le possesseur oppose au droit du propriétaire.*

Cette interversion a lieu, lorsque le détenteur marque au propriétaire par un acte formel et positif, qu'il ne le reconnaît pour son maître et qu'il veut posséder pour son compte désormais.

Cette contradiction, le détenteur précaire peut la manifester, soit par acte *judiciaire* soit par acte *extra-judiciaire*, pourvu que sa volonté de résister au propriétaire soit bien évidente.

3o *Interversion opérée par la transmission de propriété accomplie par le dé-tenteur précaire en faveur d'un tiers.*

Si un fermier, un locataire, vend, donne, lègue la chose qu'il dé-tient, son ayant-cause ne succède pas au vice de sa possession : en lui commence une possession nouvelle, utile pour la prescription.

Mais il faut, pour que le possesseur puisse prescrire, qu'il ait été de bonne foi. Il faut de plus que le véritable propriétaire ait pu avoir connaissance du titre translatif de propriété, sinon la loi favoriserait la fraude, en permettant la prescription, malgré le vice de clandestinité dont elle serait entachée.

Tels sont les seuls modes de *novation* adoptés par la loi, et le possesseur précaire qui ferait des actes de maître sur le fonds qu'il détient avec l'intention de changer la nature de sa possession, ne pourrait la purger du vice de précarité, en vertu du principe exprimé dans l'article 2240 : « On ne peut prescrire contre son titre, en ce sens que l'on ne peut « point se changer à soi-même la cause et le principe de sa possession ; » *nemo sibi causam possessionis mutare potest.*

QUESTIONS.

Un incapable peut-il valablement renoncer à une prescription qui n'est que commencée ? c'est-à-dire, renoncer *au temps qui a couru* ? — Non.

Un tuteur peut-il valablement renoncer, au nom du mineur, à une prescription acquise ? — Non.

Le débiteur a déjà renoncé à la prescription, ses créanciers peuvent-ils encore l'invoquer ? — Oui.

L'interversion a-t-elle lieu lorsque le détenteur précaire achète d'une personne qu'il sait n'être pas propriétaire, la chose qu'il détient ? — Distinction.

Procédure Civile.

Liv. I. Tit. 4.

Des actions possessoires.

La *possession* et la *propriété* sont, en droit, deux choses bien distinctes, qui peuvent exister l'une sans l'autre, et qu'il faut bien se garder de confondre. Aussi est-il naturel que le législateur ait accordé au possesseur et au propriétaire des actions différentes pour défendre leurs droits.

L'action qui permet au possesseur, quand il est troublé dans la jouissance de la chose qu'il possède, ou qu'il en est dépouillé violemment, de faire cesser ce trouble ou cette usurpation, prend le nom de *possessoire*.

L'action accordée au propriétaire dont la propriété est attaquée est connue sous le nom d'action *pétitoire*.

Nous trouvons l'origine de ces actions dans la législation romaine, au titre des *interdits*.

On appelait *interdits*, en Droit romain, les moyens de droit qui protégeaient la prescription, lorsqu'elle était attaquée. Ces interdits étaient au nombre de trois : l'interdit *recuperandæ possessionis*, qui avait pour but de remettre le possesseur dans sa possession lorsqu'il en avait été évincé; l'interdit *retinendæ possessionis*, qui, appliqué aux immeubles, prenait le nom d'interdit *uti possidetis*, et appliqué aux meubles, s'appelait interdit *utrubi*; il servait à garantir le possesseur du trouble dont il était menacé; l'interdit *undè vi* permettait au possesseur de repousser les agressions dirigées contre son droit de détenteur.

Les actions possessoires ont une grande analogie avec les interdits, tous les deux ayant été établis pour venir au secours du possesseur attaqué dans son droit, tous les deux lui permettant de se défendre *sans être obligé de prouver qu'il est propriétaire.* Ce dernier bénéfice attaché à l'action possessoire est le plus grand avantage qu'elle procure, le possesseur étant le plus souvent privé de titre translatif de propriété.

L'action possessoire et l'action pétitoire ont chacune leur raison d'être, et on s'explique facilement les motifs qui les ont fait établir. Il eût été contraire à l'équité qu'un propriétaire qui aurait passé un temps fort court sans user de sa chose, la perdît irrévocablement; il ne l'eût pas été moins que le possesseur se vît dépouillé de sa possession, lorsqu'elle est suffisamment caractérisée, la loi devant considérer provisoirement et jusqu'à preuve contraire, celui qui possède, comme véritable propriétaire.

§ 1. — *Combien distingue-t-on d'actions possessoires ?*

Les actions possessoires sont au nombre de trois :

1° La *complainte* destinée à faire cesser les actes de trouble dans la possession ; elle correspond à l'interdit *uti possidetis ;*

2° La *réintegrande*, qui tend à faire restituer une possession enlevée par violence ou voie de fait ; elle correspond à l'interdit *undè vi ;*

3° La *dénonciation de nouvel œuvre*, qui a pour objet de faire cesser les travaux commencés par un propriétaire sur son propre fonds, lorsqu'ils sont de nature à nuire au fonds du voisin.

La loi du 16-24 août 1790, ainsi que le Code de Procédure , n'avaient point parlé nommément de ces trois actions ; elles avaient été toutes embrassées par les auteurs sous la dénomination *d'actions possessoires*; mais la loi sur les justices de paix du 25 mai 1838 a consacré de nouveau ces trois expressions anciennement usitées de *complainte , réintegrande* et de *dénonciation de nouvel œuvre* (M. Rodière, titre 1).

§ 2. — *Objets à raison desquels on peut agir au possessoire.*

Les actions possessoires s'appliquent aux immenbles par leur nature ou par leur destination.

Elles s'appliquent aussi à l'usufruit; car l'usufruitier possédant pour lui l'usufruit qui est un démembrement de la propriété, peut exercer les actions possessoires qui y sont relatives (Boitard).

§ 3. — *Condition nécessaire pour pouvoir agir au possessoire.*

Pour pouvoir agir au possessoire , il faut avoir été menacé d'un trouble dans sa possession ou avoir été la victime d'un fait quelconque qui a porté atteinte à la qualité de possesseur dont nous jouissons.

Le *trouble* est un obstacle apporté à la jouissance paisible de la possession.

On distingue deux sortes de trouble : le trouble de *fait* et le trouble de *droit*. L'un et l'autre donnent lieu à l'exercice des actions possessoires.

Quelqu'un laboure le champ que je possède , il coupe les fruits qui y sont pendants, comble un fossé , plante et arrache une haie ; mon voisin m'expulse violemment de ma maison et s'y loge à ma place : *trouble de fait*.

J'ai consenti le bail d'une grange , à mon voisin, pour trois ans ; avant l'expiration de l'engagement que mon voisin a contracté vis-à-vis de moi, un tiers vient lui signifier de ne pas payer le prix convenu , prétextant être lui-même propriétaire ; *trouble de droit*.

Je pourrai, dans tous ces cas, exercer les actions possessoires, mais il me faudra les intenter dans l'année du trouble, car, passé ce délai, si l'auteur du trouble a continué à posséder depuis le trouble, il est censé être devenu propriétaire, et son adversaire ne peut plus l'attaquer qu'au pétitoire.

Il ne suffit donc pas pour pouvoir user des actions possessoires, d'intenter l'action dans l'année qui suit le trouble ; il faut de plus être en possession de l'immeuble depuis un an, lorsque se manifeste le trouble (art. 23) ; avoir ce qu'on appelle la possession *annale*.

On comprend sans peine qu'une possession trop courte ne puisse fonder la possession, la présomption que la propriété s'y trouve jointe ne pouvant encore exister. La loi suppose qu'au bout d'un an et un jour cette présomption a sa raison d'être et que celui qui a supporté les charges qu'impose la qualité de détenteur d'un bien à titre non précaire ne l'eut pas fait, s'il ne se fût cru propriétaire. Aussi le possesseur est-il alors saisi de la propriété, en vertu de la maxime : *saisine et possession gaignée par tenue paisible, après an et jour, trait à soi et gagne la propriété de l'héritage.*

Il faut encore pour être recevable à intenter l'action possessoire, que la possession soit paisible et à titre non précaire. Nous lisons, en effet, dans l'art. 23 : « Les actions possessoires ne seront recevables qu'autant qu'elles auront été formées dans l'année du trouble ou par ceux qui, depuis une année au moins, étaient en possession paisible par eux ou les leurs, à titre non précaire. »

La possession doit être paisible *activement* et *passivement*. Activement, c'est-à-dire qu'une possession basée sur la violence, ne peut, tant que dure cette violence, être invoquée par celui qui l'a pratiquée à l'égard de celui contre lequel il l'a pratiquée ; c'est un vice purement relatif ; passivement, c'est-à-dire, que la possession ait été troublée par des actes fréquents.

Outre les conditions dont nous avons parlé et sans lesquelles la possession ne peut donner naissance à l'action possessoire, il en est d'autres énumérées dans l'article 2229 du Code Napoléon. Ainsi, la possession doit être à titre non précaire, c'est-à-dire à titre de propriétaire ; aussi le fermier, le locataire, le dépositaire n'ont-ils pas droit à l'action possessoire. S'ils sont troublés par des tiers, ils peuvent seulement agir en garantie devant les tribunaux ordinaires contre le bailleur ou intenter directement une action contre l'auteur du trouble.

La possession doit encore être publique, car si elle se composait d'actes clandestins, la présomption tirée du silence des parties n'existerait pas. Elle doit être aussi non équivoque, continue et non interrompue.

Il est reconnu pareillement que pour l'action possessoire comme pour la prescription, on peut se prévaloir de la possession de son *auteur*, soit qu'on lui ait succédé à titre universel, soit qu'on lui ait succédé à titre particulier.

Mais il suffit que ces divers caractères de la possession existent d'une manière relative ; il en était ainsi pour les interdits en Droit Romain. Ainsi, l'auteur du trouble ne pourrait pas se prévaloir, pour repousser l'actionpossessoire, de ce que le demandeur se serait emparé, par violence, du fonds litigieux au préjudice d'un tiers.

§ 3. — *Règles de Procédure.*

A part quelques règles spéciales, les actions possessoires sont soumises aux règles ordinaires de la justice de paix.

Et d'abord, il peut arriver que le trouble soit avoué et que l'auteur soutienne qu'il a eu le droit de le faire ou bien que l'existence du trouble soit déniée par la personne qui est accusée de l'avoir produit.

Dans l'un et l'autre cas, le juge ordonnera une enquête ; mais cette enquête ne pourra porter que sur le fond du droit (Art. 24), c'est-à-dire qu'aucune des parties ne sera admise à prouver qu'elle a la propriété de l'immeuble litigieux et que le juge de paix ne sera pas compétent pour juger la question de propriété, en vertu de la prohibition énoncée en l'art. 25 du Code de Procédure, qui établit que le possessoire et le petitoire ne peuvent être cumulés.

L'enquête a pour but de rechercher les preuves du trouble ; mais de ce que le juge de paix doit ordonner une enquête s'ensuit-il qu'il ne peut jamais s'aider des titres à l'effet de décider la question de possession ? Non , sans doute ; il est admis, au contraire , que si les actes de possession faits par chacune des parties semblent se balancer, le juge doit prononcer en faveur de celle qui présente un titre. L'examen des titres est aussi de rigueur , toutes les fois qu'il faut examiner si la possession est ou non précaire. (M. Chauveau sur Carré , quest. 101 bis et 102).

Si le défendeur qui a dénié le trouble vient à faire défaut, quoique ce défaut puisse établir une présomption contre lui, en ce sens qu'il semble reconnaître par là la possession du demandeur et le trouble , le juge de paix pourra néanmoins ordonner l'enquête et surtout quand le défendeur est incapable.

On ne peut agir au possessoire qu'après avoir déjà résolu la question possessoire. Et l'on conçoit facilement qu'on ne puisse présenter le pétitoire avant le possessoire ; ce qu'il importe le plus de décider , c'est à qui sera attribuée la possession des faits litigieux.

« Le demandeur au pétitoire ne sera plus recevable à agir au possessoire. » (Art. 27). La raison de la disposition de cette loi est facile à concevoir, car, en général, on ne réclame que ce qu'on ne possède pas. Dès l'instant donc qu'on revendique un immeuble au pétitoire, on est censé reconnaître par là même qu'on n'en a pas la possession. (M. Rodière).

Le demandeur peut, quoique s'étant pourvu au possessoire, avoir réellement la possession, et il serait recevable à se pourvoir au possessoire pour le trouble nouveau qu'il éprouverait durant l'instance. (Cass. 7 août 1817 et 24 juillet 1837).

« Le défendeur au possessoire ne pourra se pourvoir au pétitoire
» qu'après que l'instance sur le possessoire aura été terminée ; il ne
» pourra , s'il a succombé, se pourvoir qu'après qu'il aura pleinement
» satisfait aux condamnations prononcées contre lui. » (Art. 27).

Pour pouvoir être recevable à agir au pétitoire , le défendeur qui a succombé devra restituer le fonds, les fruits perçus et payer une indemnité au demandeur pour le préjudice de la dépossession.

« Si néanmoins, ajoute l'art. 27, la partie qui a obtenu ces condamnations, était en retard de les faire liquider, le juge du pétitoire pourra fixer pour cette liquidation un délai après lequel l'action au pétitoire sera reçue ».

La loi a eu pour but de prévenir, par cette disposition fort équitable, le cas où le demandeur qui a obtenu gain de cause, voudrait, en retardant à dessein la liquidation des condamnations, empêcher indéfiniment son adversaire de se pourvoir au pétitoire.

QUESTIONS.

Peut-on agir au possessoire à raison des meubles ? — Non.

L'action possessoire peut-elle être exercée pour les droits de servitude. — Distinction.

Devrait-on exiger pour la réintégrande les mêmes conditions que pour la complainte ? — Oui.

Instruction Criminelle.

De l'appel en matière correctionnelle.

(Voir la loi du 15 juin 1856.)

§ 1. Jugements sujets à appel en matière correctionnelle.

La règle générale, posée par l'art. 199 Code I. C., est que les jugements rendus en matière correctionnelle sont sujets à l'appel. Cet article ne subordonne le droit d'appel ni à l'importance de la somme demandée par la partie civile, ni à la gravité de la peine prononcée.

Il y a exception à cette règle, d'après l'art. 192, lorsque le fait ne constitue qu'une contravention de police : alors le jugement est en premier et en dernier ressort.

Le principe relatif à l'appel en matière correctionnelle n'a pas été changé; mais les dispositions de la loi qui le régissaient ont subi quelques modifications qui lui ont donné ce caractère d'unité et de simplicité qui n'appartenaient qu'aux matières civiles.

Établies par le corps législatif, le 13 juin 1856, ces modifications ont pour but de rendre au second degré de juridiction toute sa plénitude, toute son autorité. Lors de la rédaction du Code d'Instruction Criminelle, on crut qu'en raison de l'éloignement où se trouvaient un grand nombre de tribunaux de première instance du siége de la Cour d'Appel, il était difficile, sous peine de compromettre les intérêts des justiciables en les exposant à des frais énormes de déplacement, de maintenir la règle générale qui instituait les cours juridiction du second degré. En conséquence, tout en conférant aux cours la connaissance des appels des jugements rendus par les tribunaux placés dans le département où elles siégent, en leur déférant aussi les appels des jugements rendus par les tribunaux des chefs-lieux de département compris dans leur ressort, la loi, pour les autres départements, attribua aux tribunaux des chefs-lieux le droit de prononcer sur l'appel des jugements rendus par les tribunaux d'arrondissement.

Ainsi, dans l'état ancien des choses, sur les 356 tribunaux correctionnels qui fonctionnaient en France, il y en avait 163 dont les appels étaient déférés aux Cours Impériales ; il y en avait 193 qui relevaient des tribunaux de chefs-lieux et dans ce nombre il en était 8, qui, bien qu'étant tribunaux de chefs-lieux, étaient enlevés à la juridiction supérieure des Cours d'Appel, en raison de leur éloignement et étaient déférés à celles des tribunaux de chefs-lieux de département les plus voisins. Ainsi les appels de Chartres étaient portés à Versailles, ceux de Tours à Blois, ceux de Saintes et de Napoléon-Vendée à Niort, ceux de Périgueux à Angoulême, et ceux de Bressuire, Melle et Parthenay, à Niort.

Il est inutile d'insister longtemps pour démontrer les inconvénients d'un semblable état de choses. Ce qu'il y avait de plus fâcheux dans l'administration de la justice criminelle, c'était l'affaiblissement de l'autorité qui doit s'attacher à la chose jugée. Or, n'est-ce pas une étrange contradiction que le même Tribunal qui, dans telle circonstance, est juge d'appel et souverain, soit, dans telle autre, juge du premier degré et soumis à la censure d'une autre juridiction ? Qu'il en soit ainsi en matière civile alors que l'importance ou la nature du litige détermine le premier ou le dernier ressort, cela se comprend; mais pour le cas qui nous occupe, c'est la même question, le même fait, qui, suivant qu'il se produira devant tel ou tel Tribunal, sera jugé sur appel par une Cour souveraine ou par un Tribunal du premier degré. On comprend quelles anomalies fâcheuses en résultaient dans la patrique, et combien l'autorité de la justice y perdait de son prestige. On a vu souvent des Tribunaux de première instance statuant comme juges d'appel, consacrer des points de jurisprudence criminelle dans des décisons souveraines, et des décisions analogues de ces mêmes tribunaux être infirmées par des arrêts de Cour d'appel, quand elles n'intervenaient qu'au premier degré. Il y avait encore un autre inconvénient, c'est qu'une telle organisation avait pour résultat d'établir un antagonisme regrettable entre les tribunaux d'arrondissement et les tribunaux supérieurs :

« Lorsque, entre des tribunaux de même rang, ayant la même compétence générale, désignés par la même dénomination, une supériorité temporaire accidentelle est établie, on peut craindre qu'elle ne soit pas exercée par les autres avec assez de modération et que des résistances passives ou du moins des tendances opposées ne nuisent à la bonne administration de la justice. » (Exposé des motifs.)

Les rédacteurs du Code d'Instruction criminelle l'avaient bien compris, mais ils cédaient à une nécessité qui n'existe plus aujourd'hui. En généralisant la compétence des Cours Impériales, ils craignaient, à raison de l'éloignement du siége des Cours et par suite des difficultés de communication et de transport, de paralyser le droit d'appel et de nuire à l'action de la justice elle-même par l'impossibilité de mettre les témoins en sa présence. Mais ce qui était vrai lors de la promulgation du Code d'Instruction criminelle, ne l'est plus aujourd'hui. Un réseau de communications promptes et faciles couvrent tous les points de l'Empire, et en quelques heures, grâce aux routes, aux canaux et aux chemins de fer, on peut se transporter du centre judiciaire à ses extrémités.

Avec cette ancienne organisation, il dépendait quelquefois des parties de déterminer, par leur volonté, la juridiction d'appel. Celui qui, lésé

par un délit , intentait un pourvoi par action civile , s'assurait pour juge
du second degré , quel que fût le tribunal saisi de sa demande , une Cour
Impériale. Si , au contraire , il assignait directement en police correctionnelle , l'action civile était accessoirement portée devant le tribunal
saisi par la citation , et l'appel du jugement était déféré selon la situation
du tribunal saisi , ou à un tribunal de chef-lieu , ou à une cour.

La loi , en faisant disparaître cette confusion dans les attributions des
différents corps judiciaires , a eu pour résultat d'établir l'ordre , la sy-
métrie , et a donné à la règle des deux degrés de juridiction , l'une des
plus importantes de notre législation , toute l'importance et l'efficacité
qu'elle doit avoir. Le droit d'appel , en effet , ne s'exerce avec des garan-
ties sérieuses que lorsque le tribunal, qui est chargé du second examen
des affaires , est incontestablement supérieur , dans l'ordre des juridic-
tions , au tribunal qui statue en premier ressort, et l'autorité des Cours
Impériales sur les tribunaux de première instance est incontestable, car
elle se manifeste non-seulement par le nombre , le titre, l'expérience ,
les lumières des magistrats , mais encore par ces dehors qui trahissent
l'importance des fonctions qu'ils remplissent, tels que la préséance dans
les cérémonies publiques, et le rang qu'ils occupent dans la société. Aussi,
les arrêts des Cours Impériales ont-ils une autorité que n'ont pas les jugements des tribunaux de première instance. Ce qui témoigne le plus enfin
de la supériorité des Cours Impériales , c'est le droit qu'ont les magistrats de mettre à néant les sentences des tribunaux de première instance.

L'action et la surveillance des procureurs généraux pour la répression
des délits s'exerceront , grâce à cette modification, avec plus d'activité et
de certitude, lorsque les appels viendront se réunir dans leurs mains ,
et lorsque les décisions souveraines seront rendues sous leurs yeux , les
rapports de leurs substituts , quelle que soit leur exactitude, ne pouvant
les éclairer comme un examen dans lequel ils peuvent intervenir per-
sonnellement. Ainsi donc , l'intervention des Cours Impériales dans les
affaires de police correctionnelle , soumises à la juridiction du second dé-
gré, a-t-elle une influence très heureuse ?

Etudions maintenant les changements produits par les diverses modifications de la loi.

§ 2. — *Personnes auxquelles appartient le droit d'appel.*

La loi nouvelle peut se résumer tout entière dans l'art. 201 simplifié et modifié en ces termes :

Art. 201. L'appel sera porté à la Cour Impériale.

L'art. 200 a été supprimé par la loi nouvelle.

L'art. 202 énumère les personnes auxquelles la voie d'appel est ouverte. Ce sont :

1o Le prévenu ou les prévenus et les personnes civilement responsables. Ces parties peuvent exercer ce droit par elles-même ou par un mandataire ;

2o La partie civile, *quant à ses intérêts civils seulement,* soit qu'elle interjette appel, parce que le prévenu a été acquitté et qu'elle n'a pu obtenir par conséquent des dommages-intérêts, soit qu'elle appelle pour demander des dommages-intérêts qui lui ont été refusés, le prévenu ayant été condamné ;

3o L'administration forestière, et nous pouvons ajouter aussi l'administration des douanes, des contributions indirectes, les maîtres de poste, auxquels la Cour de cassation a accordé dans une certaine proportion l'exercice de l'action publique ;

4o Le procureur impérial près le tribunal de première instance ;

5o Le procureur général près la cour impériale.

Dans cet article 202 on a supprimé en partie le quatrième alinéa, qui disait : *Lequel* (en parlant du procureur impérial près le tribunal de première instance) *dans le cas où il n'appellerait pas , sera tenu , dans le délai de quinze jours, d'adresser un extrait du jugement au magistrat du ministère public près le tribunal ou la cour qui doit connaître l'appel.*

Cette disposition n'est plus nécessaire aujourd'hui, puisque la cour connaît actuellement de tous les arrêts en matière correctionnelle, et que l'art. 198 dispose : que le procureur impérial est tenu , dans les quinze jours qui suivront la prononciation du jugement, d'en envoyer un extrait au procureur-général près la cour impériale.

§ 3. — *Conditions et effets de l'appel.*

Les effets et les conditions de l'appel diffèrent, suivant qu'ils émanent de l'une ou de l'autre des personnes qui peuvent l'interjeter.

S'il y a plusieurs prévenus, chacun d'eux conserve exclusivement son droit personnel d'appel.

L'art. 203, qui n'a pas été modifié, fixe à dix jours le délai d'appel pour les prévenus ou les personnes civilement responsables. L'appel ne saurait être prorogé parce que le dixième jour serait férié, tous les jours étant utiles en matière correctionnelle.

Le point de départ de ces dix jours varie : pour les jugements par *défaut*, le délai ne court que du jour de la signification du jugement faite à la *partie condamnée* ou *à domicile,* pour les personnes civilement responsables ; — pour les jugements *contradictoires*, le délai court du jour de la prononciation du jugement.

L'appel se fait par une simple déclaration au greffe du tribunal où le jugement a été rendu, et elle n'a pas besoin d'être notifiée ; il suffit qu'elle soit écrite sur les registres du greffe. (Cass. 29 juin 1815. — Cass. 11 janvier 1817). L'appel du prévenu est suspensif, et ce n'est pas seulement l'appel effectué qui est suspensif, mais même le délai d'appel. Cet effet est donc plus étendu qu'en matière civile, et il en est ainsi, parce que le préjudice causé par l'exécution en matière civile, n'est qu'un préjudice d'argent qui peut être réparé, tandis qu'en matière pénale l'exécution du jugement peut être irréparable pour le condamné. (Boitard.)

L'appel est aussi *dévolutif.* La règle générale est que la position du condamné ne peut jamais être *aggravée* par l'appel (avis du Conseil d'Etat, 22 novembre 1806, sur l'appel en matière correctionnelle). Lorsque l'appel, en effet, a été porté contre le ministère public et que lui-même n'a pas fait d'appel, les juges peuvent diminuer la peine sans avoir le droit de l'aggraver, car cette aggravation constituerait de leur part un acte d'exer-

.cice de l'action publique, ce qui leur est interdit (Cass. 22 juillet 1830, Trébutien-Boitard).

L'art. 205, relatif à l'appel du ministère public, a été modifiée par la nouvelle loi et n'attribue plus le droit d'interjeter appel qu'au procureur général près la Cour Impériale, qui peut relever appel dans les deux mois de la prononciation. Si le jugement lui a été légalement signifié par l'une des parties, il devra interjeter appel dans le mois de cette notification, sous peine de déchéance.

Ce jugement doit être signifié, soit au prévenu, soit à la personne civilement responsable.

L'appel du ministère public est suspensif et il a pour effet, si le prévenu a été renvoyé de la prévention, de ne suspendre la mise en liberté de celui-ci que pendant les trois jours de la prononciation du jugement.

Cette innovation est due à la loi du 28 avril 1832.

Avant cette loi, l'effet suspensif durait pendant tout le delai de l'appel.

L'effet *dévolutif* de l'appel interjeté par le ministère public a pour résultat de faire confirmer la sentence des premiers juges ou de la réformer, soit pour aggraver la sentence du condamné, soit pour l'améliorer; si l'intérêt social, en effet, réclame que la peine soit sévère, il veut aussi qu'elle ne soit pas exagérée, et que le prévenu soit jugé d'après la gravité de son délit et non d'après les conclusions du ministère public.

L'administration financière, participant à l'action publique, est soumise, quant à l'appel, aux mêmes règles que le ministère public.

Les *délais* et les *formes* de l'appel, interjeté par la *partie civile,* sont les mêmes que ceux prescrits pour l'appel du prévenu. Cet appel ne peut avoir pour objet que la réclamation des dommages intérêts demandés par la partie civile. La demande ne peut porter que sur les intérêts civils seulement et non sur la partie pénale de la condamnation.

§ 4. De la procédure sur appel.

Les art. 207, 208, 209, 210, 211, 212, 213, 214, 215, relatifs à la procédure sur appel ont été modifiés par la loi nouvelle ; mais cette modification se borne à un simple changement de rédaction : les mots, *ministère public*, *juge*, *jugement*, *tribunal d'appel*, ayant été remplacés par les mots : *Procureur-Général*, *Conseiller*, *Arrêt*, *Cour*, que la loi a aujourd'hui consacrés.

Les formes de la procédure restent donc toujours les mêmes.

Art. 207 — « La requête, si elle a été remise au greffe du tribunal de première instance et les pièces sont envoyées au greffe de la Cour dans les vingt-quatre heures après la déclaration ou la remise de la notification de l'acte ».

Les parties doivent être citées à comparaître régulièrement à jour fixé, car la déclaration d'appel n'entraîne pas comparution à jour déterminé.

Art. 209. — « L'appel sera jugé à l'audience dans le mois, sur le rapport du conseiller. Ce délai d'un mois n'a rien de fatal, mais la lecture du rapport est une formalité essentielle. » (Cass. 27 août 1847 et 6 février 1847).

Art. 212 « Si le jugement est réformé parce que le fait n'est réputé délit ou contravention de police par aucune loi, la Cour renverra le prévenu et statuera, s'il y a lieu, sur ses dommages-intérêts. » Dans ce cas, en effet, il ne peut en être accordé à la partie civile.

Art. 213. « Si le jugement est annulé parce que le fait ne présente qu'une contravention de police, et si la partie publique et la partie civile n'ont pas demandé le renvoi, la Cour prononcera la peine et statuera également, s'il y a lieu, sur les dommages-intérêts. »

On conçoit que pour des infractions aussi peu graves les parties intéressées renoncent au Tribunal du premier degré, mais on ne comprend pas pourquoi le droit de demander le renvoi semble ne pas être accordé au prévenu.

Art. 214. « Si le jugement est annulé parce que le fait est de nature à mériter une peine afflictive ou infamante, la Cour décernera, s'il y a lieu, le mandat de dépôt ou même le mandat d'arrêt et renverra le prévenu devant le fonctionnaire public compétent, autre, toutefois, que celui qui aura rendu le jugement ou fait l'instruction. »

Il y a une différence de rédaction entre cet article et l'article 193. Tandis que le Tribunal du premier degré renvoie devant le juge compétent, mais ne le désigne pas, la Cour au contraire, désigne le juge d'instruction compétent, autre que celui dont l'instruction a été annulée et qui ne peut plus faire aucun acte.

(Art. 215). « Si le jugement est annulé pour violation ou omission non réparée des formes prescrites par la loi à peine de nullité, la cour statuera sur le fonds. »

L'*évocation* est donc obligatoire : les parties n'étant pas renvoyées devant un second tribunal, seront privées du deuxième degré de juridiction ; mais pour ne pas compliquer de trop de lenteurs l'instruction de ces affaires ordinairement simples, la loi veut que la cour, en annulant, pour la forme, le jugement de première instance, statue aussi sur le fond.

L'art. 216, relatif au pourvoi en cassation, n'a pas été modifié par la nouvelle loi et, comme auparavant, sans fixer de délai, il se borne à nous apprendre que la *partie civile*, le *prévenu*, la *partie publique*, les *personnes civilement responsables du délit*, peuvent se pourvoir en cassation. Il n'est pas douteux que, dans le silence de la loi, on puisse sans hésiter appliquer la disposition de l'art. 373. Cet article, quoique relatif au pourvoi des condamnés en cours d'assises et se référant aux matières criminelles, paraît seul applicable aux matières de simple police et aux matières de police correctionnelle, étant le seul dans le Code d'Instruction Criminelle qui fixe le délai du pourvoi général en cassation.

Le délai du pourvoi sera donc, en matière correctionnelle, de trois jours francs.

QUESTIONS.

La loi nouvelle est-elle préférable à la loi ancienne ? — Oui.

Est-il vrai que l'appel du condamné ne peut jamais aggraver sa position ? — Non.

En cas de condamnation à l'emprisonnement, le délai d'un mois ou de deux mois, dont il est question dans l'art. 205, est-il suspensif même après le délai ordinaire de dix jours de l'art. 203 ? — Oui.

***

Cette Thèse sera soutenue, en séance publique, dans une des salles de la Faculté, le 30 août 1858.

Vu pour le Président de la Thèse,

MASSOL (de **Montastruc**).

Toulouse , Imp. Troyes OUVRIERS RÉUNIS, rue St-Pantaléon, 3.

www.ingramcontent.com/pod-product-compliance
Lightning Source LLC
Chambersburg PA
CBHW061324050726
47595CB00005B/1803